Momma, May I Be ME?

Mamá, ¿puedo ser YO?

Written by: Dr. Tamecca S. Rogers and Keith Ross
Illustrated by: K-Shaniece M. Smith

Escrito por: Dra. Tamecca S. Rogers y Keith Ross
Ilustrado por: K-Shaniece M. Smith

Dedication

This book is dedicated to all boys and girls who are unique in their own special way. Always be true to yourself.

Dedicatoria

Este libro está dedicado a todos los niños y niñas que son únicos a su manera. Siempre sean fieles a sí mismos.

Thanks

Thank you to Kelly Marshall and Melissa Matias. You have kept Keith's hair twisted to perfection, even when he gets impatient in the styling chair and under the dryer.

Agradecimientos

Gracias a Kelly Marshall y Melissa Matias. Han mantenido el cabello de Keith perfectamente retorcido, incluso cuando se impacienta en la silla de estilista y bajo el secador.

Copyright © 2020 by Dr. Tamecca S. Rogers
Illustrations copyright © 2020 by K-Shaniece M. Smith

All rights reserved. No part of this book may be reproduced
or used in any manner without written permission
of the copyright owner except for the use of quotations
in a book review.

ISBN Number: 978-1-7354301-2-6
Library of Congress Control Number: 2020916319
Published by Inspire Publishing LLC
P.O. Box 691608
Tulsa, OK 74169-1608

Derechos de autor © 2020 por la Dra. Tamecca S. Rogers
Derechos de autor de las ilustraciones © 2020 de K-Shaniece M. Smith

Todos los derechos reservados. Ninguna parte de este libro puede ser
reproducida o utilizada de ninguna manera sin el permiso por escrito
del propietario de los derechos de autor, excepto
para el uso de citas en una reseña de libro.

Número ISBN: 978-1-7354301-2-6
Número de control de la Biblioteca del Congreso: 2020916319

Publicado por Inspire Publishing LLC
P.O. Box 691608
Tulsa, OK 74169-1608

Inspire Publishing LLC

Bio
Dr. Tamecca Rogers holds a bachelor's degree in psychology, a master's in business administration, and a doctoral degree in educational leadership. Dr. Rogers served five years as a hospital corpsman in the United States Navy and a combined six years as a high school instructor and college enrollment counselor. She has also held adjunct professor positions at multiple post-secondary institutions. Since 2010, she has been the Director of Diversity, Equity, and Inclusion at Tulsa Technology Center. She is the proud mom of Ian, Chazen, and Keith, and lives in Tulsa, Oklahoma with her family.

Keith Ross is a fourth-grader who loves video games, Beyblades, road trips, modeling, and acting. Keith has his own unique style and dances to his own beat. He lives in Tulsa, Oklahoma with his family. Keith has co-authored Now You're It: Journaling to Perseverance with his mother, Dr. Rogers and this is his second book.

Biografías
La Dra. Tamecca Rogers tiene una licenciatura en psicología, una maestría en administración de empresas y un doctorado en liderazgo educativo. La Dra. Rogers sirvió cinco años como miembro del cuerpo de hospital en la Marina de los Estados Unidos y seis años combinados como instructora de secundaria y consejera de matriculación universitaria. También ha ocupado puestos de profesora adjunta en múltiples instituciones postsecundarias. Desde 2010, ha sido directora de Diversidad, Equidad e Inclusión en el Centro Tecnológico de Tulsa. Es la orgullosa madre de Ian, Chazen y Keith, y vive en Tulsa, Oklahoma, con su familia.

Keith Ross es un niño de cuarto grado al que le encantan los videojuegos, los Beyblades, los viajes, el modelaje y la actuación. Keith tiene su propio estilo único y baila a su propio ritmo. Vive en Tulsa, Oklahoma con su familia. Keith es coautor de Ahora tú la traes: diario para la perseverancia junto con su madre, la Dra. Rogers, y este es su segundo libro.

Momma, can I grow my hair long?

Mamá, ¿puedo dejarme el cabello largo?

Sure, you can. But your daddy's hair isn't long.

Claro que puedes. Pero tu papá no tiene el cabello largo.

I know.

Lo sé.

Momma, can I dye my hair blue and red?

Mamá, ¿puedo teñirme el cabello de rojo y azul?

Where did you get that idea? Your oldest brother's hair is not blue and red.

¿De dónde sacaste esa idea? El cabello de tu hermano mayor no es rojo y azul.

I know.

Lo sé.

Momma, can I have my hair twisted into dreadlocks?

Mamá, ¿puedo llevar mi cabello con rastas?

Don't you want to look more like your middle brother? His hair is not twisted into dreadlocks.

¿No quieres parecerte más a tu hermano del medio? Él no tiene rastas en el cabello.

I know.

Lo sé.

Son, why do you really want dreadlocks?

Hijo, ¿por qué quieres rastas?

I don't want to be like my dad, my brothers, or anyone else. I want to be like me! I want to be able to express myself in my own way. I want my own identity. Uniquely me.

No quiero ser como mi papá, mis hermanos o cualquier otra persona. ¡Quiero ser como yo! Quiero poder expresarme a mi manera. Quiero mi propia identidad. Quiero ser único.

Okay, but do you know the history of dreadlocks?

Muy bien, pero ¿conoces la historia de las rastas?

No, but I'm sure you're going to tell me.

No, pero estoy seguro de que me la vas a contar.

What about the steps to getting dreadlocks? Do you know about them?

¿Qué hay de los pasos para hacerse rastas? ¿Los conoces?

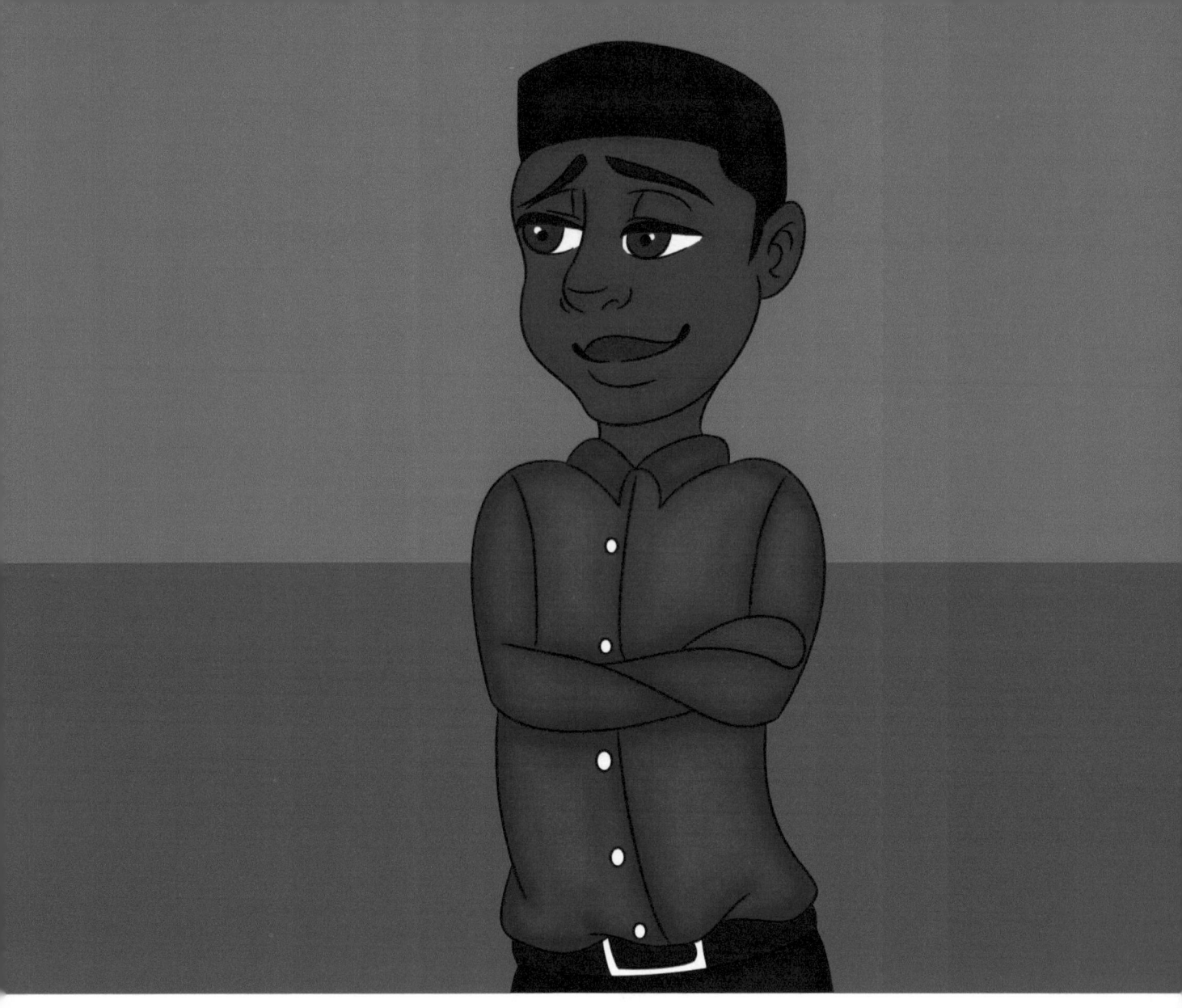

No, but I'm sure you're going to tell me that part too.

No, pero estoy seguro de que también me contarás esa parte.

You know me so well. I sure am. All right let's talk about it.

Me conoces muy bien. Claro que lo haré. De acuerdo, hablemos de ello.

Yaaaaaaaay!

¡Yujuuuuuu!

The Bible describes the tale of Samson and Delilah in which Samson's strength was directly connected to "the seven locks on his head." That means Samson had dreadlocks.

La Biblia describe el relato de Sansón y Dalila en el que la fuerza de Sansón estaba directamente conectada a "las siete trenzas de su cabeza". Eso significa que Sansón tenía rastas.

Ancient Egyptian pharaohs appeared on pyramids, statues, tomb carvings, and other artifacts wearing dreadlocks. Mummified bodies of ancient Egyptians have been recovered with their dreadlocks intact. That means Ancient Egyptians wore dreadlocks.

Los antiguos faraones egipcios aparecían en pirámides, estatuas, tallas de tumbas y otros artefactos usando rastas. Se han recuperado cuerpos momificados de antiguos egipcios con sus rastas intactas. Eso significa que los antiguos egipcios llevaban rastas.

The Celts are a group of people from places like Ireland, Scotland, and Wales who share Celtic languages and cultures. Historians say the Celts liked to wear their hair "like snakes." That means the Celts wore dreadlocks.

Los celtas son un grupo de personas de lugares como Irlanda, Escocia y Gales que comparten idiomas y culturas celtas. Los historiadores dicen que a los celtas les gustaba llevar el cabello "como serpientes". Eso significa que los celtas llevaban rastas.

The Ancient Greeks and the Vikings wore dreadlocks too.

Los antiguos griegos y los vikingos también llevaban rastas.

Rastafarianism is an Abrahamic religion created in the 1930s when Ras Tafari became emperor of Ethiopia. When the emperor was forced into exile during an invasion, warriors promised not to cut their hair until the emperor was reinstated. That means Rastafarians wore dreadlocks.

El rastafarismo es una religión abrahámica creada en la década de 1930, cuando Ras Tafari se convirtió en emperador de Etiopía. Cuando el emperador fue forzado al exilio durante una invasión, los guerreros prometieron no cortarse el cabello hasta que el emperador fuera reinstaurado. Eso significa que los rastafaris llevaban rastas.

There are plenty of people who wear dreadlocks, both now and throughout history. Different races, ethnicities, genders, and religions enjoy sporting dreadlocks.

Hay mucha gente que lleva rastas, tanto ahora como a lo largo de la historia. Diferentes razas, etnias, géneros y religiones disfrutan de llevar rastas.

What do I need to do to turn my hair into dreadlocks?

¿Qué debo hacer para convertir mi cabello en rastas?

Let's talk about it!

¡Hablemos de ello!

Yes, ma'am!

¡Sí, señora!

You can make dreadlocks on your own, but I prefer a stylist to do it. They will start by washing your hair.

Puedes hacer rastas por tu cuenta, pero yo prefiero que lo haga un estilista. Empezarán por lavarte el cabello.

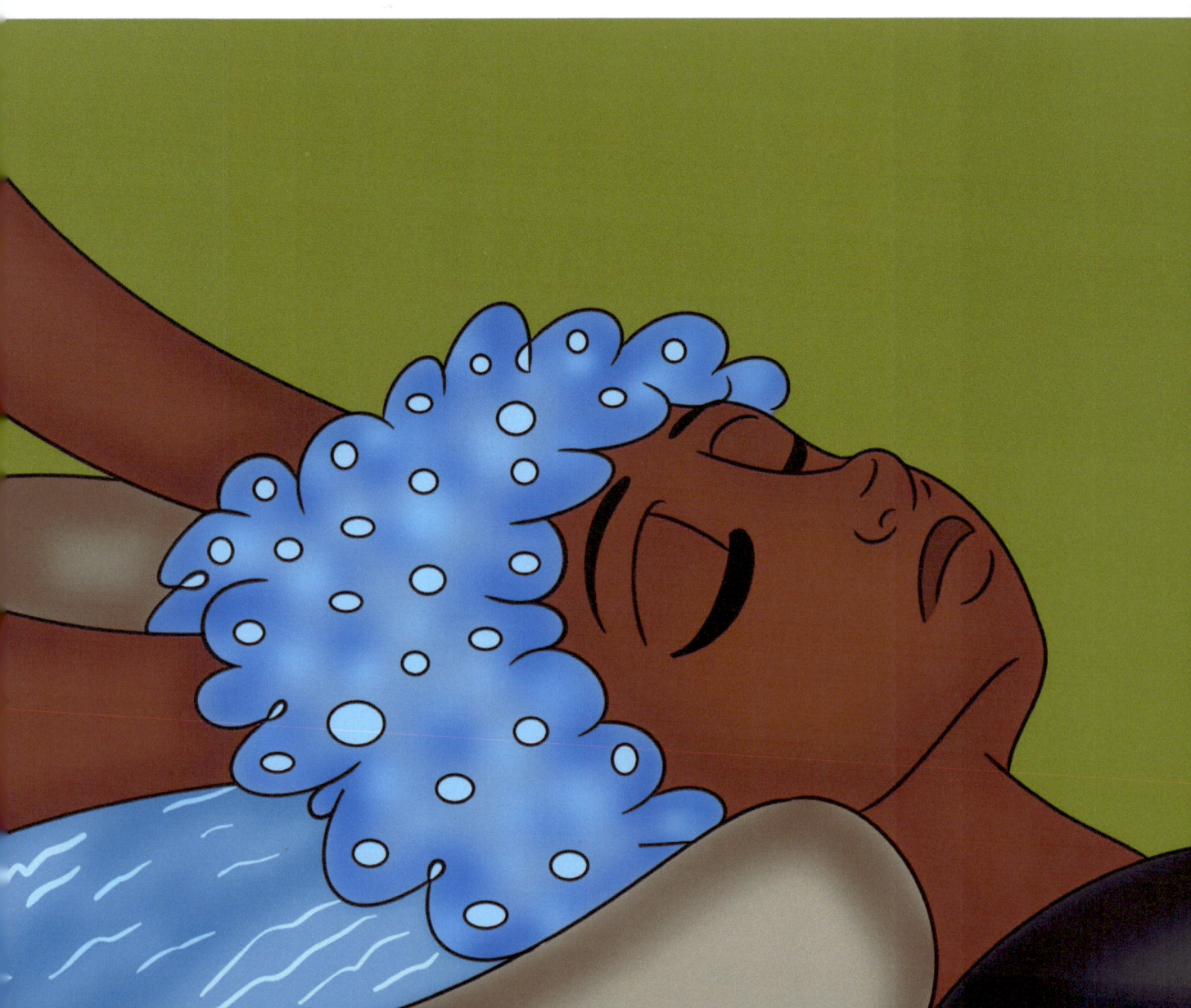

Next, they will part your hair into sections.

Luego, te dividirán el cabello en secciones.

After that, they will twist your hair with dread wax. That means, while they make each separate loc, they add a little bit of sticky wax to hold the hair together. This makes the locs have a smoother look because the frizzies become stuck to each other during palm rolling.

Después de eso, te retorcerán el cabello con cera para rastas. Eso significa que mientras hacen cada rasta por separado, añaden un poco de cera pegajosa para mantener el cabello pegado. Esto hace que las rastas tengan un aspecto más suave porque los rizos se pegan entre sí durante el enrollado en la palma de la mano.

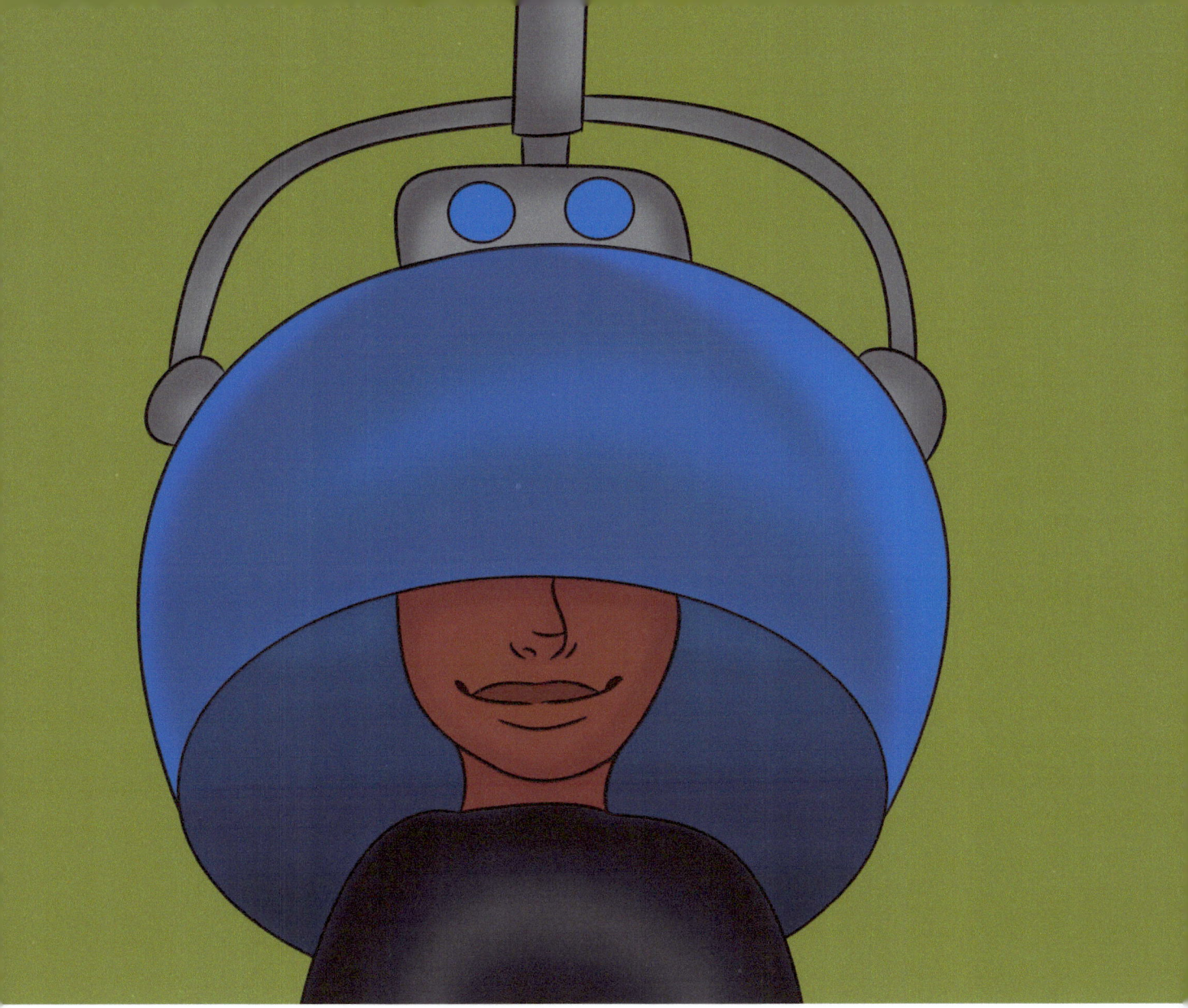

In the final step, they will have you sit under the hairdryer to help your hair "lock up."

En el paso final, harán que te sientes debajo del secador para ayudar a que tu cabello se "cierre".

Then: Presto! You're done. Shake your locks!

Y entonces... ¡Listo! Has terminado. ¡Sacude tus rastas!

Now that you know how to get dreadlocks, is this something you still want to do, son?

Ahora que sabes cómo hacerte rastas, ¿aún quieres hacerlo, hijo?

Yes, ma'am!

¡Sí, señora!

Okay... Let's get it!

Bien... ¡Hagámoslo!

Thanks for being brave enough to be your own unique self! I love what you bring to the world, son, and I love YOU!

¡Gracias por atreverte a ser tú mismo! ¡Me encanta lo que aportas al mundo, hijo, y te quiero!

www.ingramcontent.com/pod-product-compliance
Lightning Source LLC
Chambersburg PA
CBHW042027150426
43198CB00002B/88